Atitudes Certas Na Crise

Bispo Paulo Tenório

Edições, Outubro – 2009, 2011,2014

Autor
Bispo Paulo Tenório

Edição, Diagramação, Capa
HPT

Revisão
Jehozadak Pereira

Conheça sobre o autor
Mais informações você vai encontrar no website
www.bispopaulotenorio.com
/bispopaulotenorio@hotmail.com

Impresso nos Estados Unidos da América
Lulu Publishing

Este livro dedico a minha esposa, Bispa Sandra Tenório, que em todas as provas tem sido forte e valente, pois ela tem a sua confiança no SENHOR. Beutiful você é um orgulho para todos nós e um presente de Deus para mim. Te amo muito!

Índice

Introdução

Cheguei um domingo em casa depois de um maravilhoso culto em nossa igreja, quando o Senhor começou a ministrar ao meu coração esta palavra: "Atitudes certas na crise". Vivemos momentos onde a crise é mundial: crises emocionais, financeiras, espirituais, familiares, enfim, quando ligamos a TV, ou lemos os jornais, ou checamos a Internet percebemos que o mundo está em crise.

É um erro muito grande pensar que por sermos cristãos não atravessaremos por crises, alguns de nós vivemos momentos mais difíceis do que outros, mas a realidade é que todos estão propícios a viverem momentos onde de súbito enfrentam alterações no curso da vida. A questão não é saber a gravidade da crise, mas, sim, como superá-la tomando as decisões certas. Pensando nisto é que resolvi transformar a mensagem que o Senhor me deu em um livro para ajudar a muitas pessoas a obterem as atitudes certas no dia da crise.

Vou usar como texto básico o livro do Evangelho segundo escreveu S. Mateus no capítulo quatorze a partir do versículo vinte e dois e tenho certeza que o Senhor irá te ajudar de uma maneira sobrenatural.

Bispo Paulo Tenório
Martha's Vineyard, Massachusetts / Agosto/2007.

Tempo de crise

"E logo ordenou Jesus que os seus discípulos entrassem no barco, e fossem adiante para o outro lado, enquanto despedia a multidão" – Mateus 14.22

O que é crise? Como se dá a crise? Quais são os reflexos da crise? O dicionário eletrônico Priberam dá a seguinte definição da palavra ou do termo crise:

do Lat. *crise* < Gr. *krísis*

s. f.,alteração para melhor ou para pior no curso de uma doença;ataque, acometimento, acidente;momento perigoso ou decisivo de um negócio;perturbação que altera o curso dificuldades muito graves em se manter no poder.

> *"O certo é que todos os dias nos deparamos com pessoas mergulhadas em crises das mais variadas"*

- moral: luta interior entre dois sentimentos;

- ministerial: espaço de tempo entre a queda de um ministério e a constituição de outro que lhe sucede.

Logo, podemos definir crise com algo que sai fora do seu curso normal, que pode ser na saúde de uma pessoa – tanto física como emocional, ou ainda existencial, que também pode ser chamada de conflito pessoal. Pode ser um negócio ou no próprio negócio; uma perturbação na ordem social de um país ou de uma nação; financeira – que é a mais recorrente, entre outros tipos de crise.

O certo é que todos os dias nos deparamos com pessoas mergulhadas em crises das mais variadas. Não sei ao certo definir qual dos tipos de crises é a mais perversa ou a pior, como queiram. Uma pessoa pode estar em crise financeira, mas não sofrer emocionalmente. O contrário também é possível. Pode sofrer uma crise pessoal de valores e até de identidade, sem ser afetada por outros tipos de crise, ou até simultaneamente ser assolada por algumas crises conjuntamente sem que se dê conta disto.

Ninguém está isento de não passar por uma crise. Preto, branco, vermelho, amarelo, rico, pobre, culto ou iletrado, todos vão passar pela sua. Posso afirmar sem medo de errar que cada um que vai ler este livro está enfrentando um tipo de crise na sua vida. Você pode me dizer que não, mas nem sempre é assim. Pode afirmar que é forte e que nada vai te atingir. Lembro-me de uma prima que certa feita ficou noiva de um rapaz muito forte, de 1,90 metro, atleta que praticava alterofilismo, militar, bonitão, e tinham tudo programado para se casar e ser felizes vida afora. De repente, quando ele corria, caiu e morreu de um ataque fulminante do coração com 23,

24 anos de idade. Aquilo gerou uma crise enorme na vida da minha prima, que por não seguir com fidelidade o Senhor, ela quase naufragou.

Precisamos entender que há uma crise generalizada no Brasil, nos Estados Unidos, na Europa, na Ásia e em outros lugares no mundo. Eu mesmo já passei por muitas, você poderá está vivendo uma crise,enfim este é o tema do momento.

Têm pessoas que nos momentos de crise tomam decisões erradas que tendem a fazer agravar ainda mais o que estão passando. Tem pessoas que voltam atrás, e por exemplo jogam fora um relacionamento de 20, 30 anos de casamento. E nos perguntamos como que relações tão duradouras se desfazem do nada? Como é que pode? O pior é que as vezes são pessoas cristãs, que estão ao nosso lado nos bancos das igrejas. São pessoas que adoram a Deus, que participam da ceia do Senhor, que são dizimistas e ofertantes fiéis, mas que atravessam por momentos de crise, apesar do rosto brilhando, do sorriso nos lábios, da roupa boa e do carro bonito, lá dentro da suas casas existe algo que os atrapalha e perturba não permitindo que a vida seja vivida na plenitude de uma vida de comunhão com Deus.

"Ninguém está isento de não passar por uma crise. Preto, branco, vermelho, amarelo, rico, pobre, culto ou

Mas eu tenho uma boa notícia. A de que não importa a crise que você esteja passando, há o Senhor dos Exércitos que pode nos dar a vitória e banir a crise para bem longe.

No versículo citado no início deste capítulo, temos uma crise explodindo no meio dos discípulos de Jesus. Você pode se perguntar onde está a crise? Este ponto que os discípulos estavam vivendo foi um dos pontos culminantes do ministério de Jesus, pois o milagre que aconteceu horas antes – um dos maiores depois da ressurreição – imaginem que os discípulos pegaram cinco pães, dois peixes e com eles alimentaram uma multidão, entre eles cerca de cinco mil homens. E ainda sobrou pães e peixes – Mateus 14.15-21, claro Jesus havia abençoado. Eles estavam no ápice espiritual.

Os discípulos vivem um momento tão grande, cmbora

Mateus não relate, você pode ler em João 6.15, as pessoas queriam transformar Jesus em rei terrenal, e foi por isso que ele se afastou dali, indo para a outra banda do lago. No entanto, Jesus sabia que não havia sido enviado a este mundo para ter um reinado terrestre, e sim para curar e salvar a humanidade. Jesus veio para abençoar e livrar o povo do pecado. Só que a multidão dizia – chegou o homem! Quem não queria ter Jesus ao seu lado?

Imaginem alguém que pode multiplicar comida nos dias de hoje?

Será que Jesus não seria voltado para qualquer cargo político? Já que ele multiplicava pão, será que não podia multiplicar dinheiro também? O povo começou a olhar para Jesus de modo diferente, tal como aqueles que vêm a igreja somente para buscar a bênção, e não fazem questão nenhuma de ouvir a voz do Senhor e sair edificado da sua casa. Tem gente que só quer saber de cultos de milagres ou de correntes, pois buscam somente milagres, bênçãos e vitórias. A igreja é um lugar espiritual, não é um lugar onde se pode cochilar ou se encontrar com os amigos. A igreja é um lugar para adorar e honrar o nome de Deus.

Aquelas pessoas começaram a seguir a Jesus pelo que Ele estava fazendo, e não pelo que Ele é. Assim é nos nossos dias. As pessoas seguem a Jesus com algum interesse específico, e não pelo que Ele é. Querem os benefícios e tão logo os conseguem vão embora sem a menor cerimônia.

Devemos seguir a Jesus pelo que Ele é, pelo que fez por nós ao morrer no Calvário e salvar a nossa alma do inferno. Isto é a essência do evangelho, não o que muitos pensam que é

uma fórmula mágica, ou algo que se pode servir para
alcançar melhorias na sua vida e adquirir privilégios, que para alguns é o carro e a casa nova, dinheiro sobrando na conta bancária, mesa farta, guarda-roupa repleto de roupas e sapatos, bens variados, etc.

Só que o carro não o traz mais para a igreja; a casa nova é para mostrar aos amigos; a conta bancária serve para trazer uma falsa segurança de riqueza e poder; a mesa farta está repleta de coisas contaminadas e as roupas e sapatos servem para desfilar no lugar errado, que os levará à ruína.

Precisamos entender que Jesus veio para transformar e não para servir de barganha para gente interesseira. Jesus quer ser adorado, mesmo que estejamos cansados e exaustos depois de um dia de trabalho, ou ainda mergulhados numa crise qualquer que nos deixa abatidos.

Graças a Deus, que há um povo seu, preparado, de boas obras, coração puro e que o servem conscientes do que fazem, pessoas íntegras e sinceras, que entendem que melhor do que qualquer coisa o que vale mesmo é tê-lo no coração. Há para estes uma promessa de vitória, além da certeza da vida eterna com Ele. No texto que lemos no capítulo anterior havia um momento de tranquilidade que antecedia uma crise iminente.

Eles estavam no barco navegando em paz, quando as ondas começaram a se levantar furiosamente, jogando o barco de um lado para o outro. Já vivenciou uma tempestade em alto mar? Quem passou pela experiência sabe do que estou falando. Bem, se você nunca enfrentou uma tempestade destas, mas certamente já voou e pegou uma turbulência. Não há onde se segurar. Pessoalmente já enfrentei algumas turbulências em aviões que me assustaram. Conheço gente que se dispôs a nunca mais entrar dentro de um avião depois de passar por momentos de pavor.

Interessante notar que muitas vezes as horas que antecedem uma tempestade são invariavelmente calmas e nunca indicam o que virá pela frente. Assim são as crises que se abatem sobre as nossas vidas. As vezes ganhamos algo que oramos e pedimos a Deus com fé e determinação, vivemos a melhor época das nossas vidas, pensamos que estamos lá em cima, e de repente...

O caos.

Tudo muda, e onde havia a tranquilidade há agora a

turbulência e a tempestade, e a nossa primeira reação é perguntar se Deus nos abandonou. As pessoas confundem isto com frequência, pois acham que Deus as abandonou exatamente no momento mais difícil das suas vidas.

Só que Deus nunca nos abandona, talvez você que lê este livro agora pode estar pensando que Deus virou as costas para você. Não, Deus não virou as costas para você não. Tal como os discípulos, eles viam coisas extraordinárias todos os dias, e fatos que a mente humana não consegue explicar por mais fértil que possa ser, ou alguém consegue explicar o milagre da multiplicação? Eles já haviam visto coisas impressionantes, mas aquilo era demais para eles.

Estavam extasiados e perplexos e foi com este espírito que entraram no barco obedecendo a ordem de Jesus de atravessar para o outro lado. Este episódio nos ensina algumas coisas a respeito da crise.

Elas – as crises – alteram o rítmo das nossas vidas. Por que? Porque estamos caminhando num determinado rítmo e passo, e com a crise somos obrigados a parar. Vejamos em Mateus 14.24 – "*E o barco estava já no meio do mar, açoitado pelas ondas; porque o vento era contrário*;". Um vira para o outro e alerta para o que está acontecendo com eles no barco. As vezes as pessoas levam um tempo para , como dizemos, deixar "cair a ficha", o que significa demorar para entender o que de fato se passa com eles.

Para vir para a cidade onde moro é necessário atravessar o

mar numa balsa, e quando isto tem que ser feito com tempo revolto é as vezes apavorante. Certa feita fui ao continente buscar um amigo que vinha pregar em nossa igreja e ao voltar o tempo fez com que a balsa atravessasse de lado. O meu amigo se assustou e perguntou-me o que significava aquilo. Embora queresse fazer aparecer que estava tranquilo, eu estava também assustado. Outra vez, um cantor que vinha ministrar na igreja que pastoreio saiu ao convés para ver o mar e voltou imediatamente todo molhado por causa de uma onda gigantesca que bateu no barco. E olha que o barco é gigantesco e mesmo assim foi fustigado pelo tempo ruim.

As vezes queremos demonstrar uma tranquilidade que não temos, para não parecermos patéticos, quando na realidade estamos sufocados e sem ter onde nos apegarmos. No caso do meu amigo que é gordinho, a preocupação seria arrumar uma bóia que não afundasse – risos.

Os discípulos passaram a viver uma vida alterada no seu rítmo normal. Assim somos nós quando enfrentamos crises de qualquer tipo, principalmente porque não temos a menor idéia de onde estamos pisando e aonde nos levará ela.

> *"As vezes queremos demonstrar uma tranquilidade que não temos, para não parecermos patéticos,"*

As mães sabem exatamente do que eu estou falando. Principalmente quando elas tem filhos pequenos, e de repente a criança grita e ela vê sangue saindo de alguma parte do corpo do seu filho ou filha. Pronto! Tudo se altera num instante. Lembro-me de que uma vez quando estávamos num churrasco na casa de um amigo e Rebecca, a minha filha mais velha aparece toda ensangüentada, e mesmo sendo um corte pequeno queríamos chamar todos os meios de socorro possíveis de serem encontrados naquele instante.

Tem coisas simples que nos alteram totalmente, mas há coisas que são realmente complicadas. Pessoalmente tenho enfrentado junto com minha esposa momentos em que achamos que não vamos conseguir sair da crise e da dificuldade. São problemas de saúde, de transtorno e mesmo

assim, estamos ligados um ao outro, firmes esperando em Jesus. E é por isso que nunca nos cansamos de glorificá-lo sempre e a cada instante.

O açoite pode ser forte, mas o nosso lombo está ficando cada vez mais forte e consistente. Os escravos apanhavam muito e por causa disto tinham as suas costas calejadas e preparadas para aguentar mais pancada. Assim, somos nós nas crises – elas servem para nos provar a cada instante.

O cristianismo nos ensina a ter as costas e o lombo cascudo para enfrentarmos as crises com vigor, mesmo que estejamos querendo desmaiar de dor e de desânimo. Crente que é crente e obreiro que verdadeiramente é chamado por Deus tem que ter marcas nas suas costas, o evangelho é muito mais do que isto. É ver vidas transformadas e verdadeiramente preparadas para enfrentar qualquer crise por pior e mais intensa que ela seja.

Quando cheguei em Martha's Vineyard vi que muita coisa precisaria fazer em nome de Jesus naquele lugar. Hoje, passados alguns anos, vejo o tanto que Deus fez, e poderia escrever páginas e páginas a respeito do que Jesus fez em muitas vidas. Vi pessoas que eram bêbadas e drogadas mudando totalmente de direção, pessoas que andavam pela cidade largadas e sem nenhuma perspectiva de vida, mudando radicalmente a sua forma de viver, pessoas que estavam em crise profunda, e sem saber onde pisavam, tomando um novo e definitivo caminho.

Hoje quando olho para muitos deles, vejo que mesmo mais velhos eles estão mais bonitos e bonitas do que um tempo atrás. Sabem por que? Porque venceram aquelas crises e hoje sabem onde pisam. Glória ao Senhor dos Exércitos!

Crise de identidade

Uma das características desta geração é a da identidade. As pessoas estão na maioria das vezes perdidas num vácuo entre a razão e a insensibilidade sem se dar conta de que vivem uma crise de falta de identidade.

Este tipo de crise é muito comum depois de períodos de falta de liberdade, de pós-guerra e de pós-trauma. Quando acabou a II Grande Guerra Mundial, muitos europeus optaram por imigrar para outros países, principalmente para fugir da crise e do medo de que a guerra recomeçasse a qualquer instante. Outros permaneciam em silêncio por horas a fio, tentando entender o que havia se passado, para que povos teoricamente civilizados se engalfinhassem numa guerra que ficou marcada pela brutalidade, pela arrogância e pelo Holocausto que horroriza e apavora até os dias de hoje. Já alguns tinham dúvida de quem eram de fato, e precisou tempo para que voltassem a se situar naquele contexto todo.

Quando acabou o período da ditadura no Brasil, o mesmo processo se repetiu em menor escala. A falta de liberdade e de direitos, fez com que a população vivesse naquele tempo, sem perspectiva de poder falar o que se pensava e dependente em tudo do governo central que impunha com mão de ferro a sua vontade.

Criou-se no Brasil, principalmente, um pensamento de que a nação era a razão de ser do indivíduo e com isto o ufanismo – vaidade, presunção, a noção de que se tem que triunfar a qualquer preço, e criou no cidadão uma falsa impressão de

tudo era só vitória e êxito. Quando tudo acabou, grande parte da nação não sabia direito quem era e o que devia fazer.

Hoje mesmo, é muito comum encontrar pessoas que não sabem direito quem são ou o que querem da vida. Lembra daquele famoso ditado sobre os indecisos, de que não sabem se casam ou compram uma bicicleta? Pois este é o dilema de milhões de pessoas ao redor do mundo, e não estou falando de crianças ou de adolescentes que em tese não sabem muito bem o que querem da vida.

Falo, de adultos que também em tese deveriam saber exatamente o que fazer na vida. e as pessoas que querem ser aquilo que nunca serão? Querem se fazer passar por algo que não são, e me faz lembrar de um episódio interessante relatado em Juízes 12.4-6. Os gileaditas venceram a batalha e os efraimitas que foram derrotados queriam passar incólumes, e se misturaram aos vitoriosos. Como não havia como distinguir uns dos outros, usaram de um estratagema interessante. Eles deveriam pronunciar corretamente a palavra Chibolete, e era exatamente ai que a farsa deles era descoberta. Sibolete, era o máximo que eles conseguiam dizer, e por isso eram mortos.

Fico imaginando quantos hoje que estão dentro das igrejas o fazem com integridade e coerência, sem se envergonhar ou ainda com o coração sincero e contrito. Mais ainda, e se tivessem que pronunciar alguma palavra corretamente como
os efraimitas? Como será que se sairiam?

Vejo com muita tristeza a quantidade de pessoas que estão enganando a si mesmas se passando pelo que não são e jamais serão. As crises sempre ocorrem no meio, e é raro uma crise logo no início da vida. São raras as excessões, afinal não se ouve que alguém voltou da lua de mel tendo uma crise matrimonial, chegam juntinhos, sentam juntinhos na igreja, andam de mãos dadas o tempo todo, mas com o passar do tempo e no meio da vida…

> *"As crises sempre ocorrem no meio, e é raro uma crise logo no início" da vida"*

É que os problemas se sucedem. É a mudança de comportamento da mulher depois que foi mãe, é o problema do desemprego do marido, ou quem sabe, se for na América, o excesso de trabalho, outras vezes é o relacionamento que se deteriora com o os anos, o que leva ambos a se perguntam onde está a mulher amorosa ou o marido gentil com que me casei?

Crise de identidade, porque se as pessoas revelassaem o que são de cara, o que ganhariam seria a antipatia, o desprezo e a indiferença, por isso muitos escondem o que são na realidade.

Nasci e fui criado num lar evangélico, e meu avô foi por muitos anos o presidente de um grande trabalho na região serrana do Estado do Rio de Janeiro, e já vi coisas suficiente para dizer que não há relacionamentos perfeitos, não há famílias perfeitas, e sobretudo, homens e mulheres perfeitos, embora muitos achem que são.Perfeição teremos somente no céu com Cristo. Não podemos ser hipócritas, tentando

mostrar o que não somos. Somente pela misericórdia do Senhor é que se torna possível viver com dignidade, ter um casamento íntegro, ter uma família abençoada, e viver uma vida honesta e sincera. Somente pela grandeza do Espírito Santo é que podemos mostrar o que somos na realidade.

Leio muito, e uma das conclusões a que tenho chegado nos últimos tempos, é a de que o mundo prefere muitas vezes ouvir 10 mentiras, a uma única verdade. É mais fácil crer no engano e na mentira do que na realidade e na verdade. Algumas vezes trouxe alguns pregadores na minha igreja que contaram grande histórias, inclusive de relacionamentos familiares, que depois descobri não ser verdade. Preferem propagar a mentira, a falar a verdade, talvez para se mostrarem superiores em alguma área específica, que não lhes foi perguntada ou exigida saber.

A crise de identidade é comportamental, principalmente nos atos e atitudes das pessoas, e ninguém está isenta dela. Seja dentro das igrejas, na sociedade, na família, na escola, no trabalho, no ministério pastoral, nos negócios, e até nas empresas muito conhecidas. Onde há um ser humano, há uma crise instalada.

Há pessoas que não sabem quem são, de onde vieram e nem para onde vão, e carregam os seus dilemas, medos, temores e indecisões pela vida afora. Só há um meio de vencer a crise de identidade. "*Ouvi, Senhor, a tua palavra, e temi; aviva, ó Senhor, a tua obra no meio dos anos, no meio dos anos faze-a conhecida; na tua ira lembra-te da misericórdia*" – é fazer conhecida em nós a verdadeira obra do Senhor. É transparecer a personalidade de Cristo nas nossas vidas, deixando evidente que somos pessoas diferenciadas em todos os aspectos, e que a nossa identidade é carimbada com o sangue vertido no Calvário, pois é somente desta forma é que seremos nós mesmos com todas as qualidades, defeitos, erros e imperfeições que temos e não o que queremos mostrar que somos.

Viva como tal, seja você mesmo, peça a Deus que te tire da confusão de saber exatamante quem você é. O apóstolo Paulo sabia quem era – "*Porque bem sabemos que a lei é espiritual; mas eu sou carnal, vendido sob o pecado. Porque o que faço não o aprovo; pois o que quero isso não faço, mas o que aborreço isso faço. E, se faço o que não quero, consinto com a lei, que é boa. De maneira que agora já não sou eu que faço isto, mas o pecado que habita em mim. Porque eu sei que em mim, isto é, na minha carne, não habita bem algum; e com efeito o querer está em mim, mas não consigo realizar o bem. Porque não faço o bem que quero, mas o mal que não quero esse faço. Ora, se eu faço o que não quero, já o não faço eu, mas o pecado que habita em mim. Acho então esta lei em mim, que, quando quero fazer o bem, o mal está comigo. Porque, segundo o homem interior, tenho prazer na lei de Deus; Mas vejo nos meus membros outra lei, que batalha contra a lei do meu entendimento, e me prende debaixo da lei do pecado que está nos meus membros. Miserável homem que eu sou! quem me livrará do corpo desta morte?"* – Romanos 7.14-24, no entanto tinha a perfeita noção para onde ia – "*Não que já a tenha alcançado, ou que seja perfeito; mas prossigo para alcançar aquilo para o que fui também preso por Cristo Jesus*" – Filipenses 3.12.

Crises provocadas

Muitas vezes pessoas me procuram e dizem – *pastor, estou num problema, do qual não vejo nenhuma saída aparente. O que devo fazer?* A maioria destes problemas, que originam crises, é financeiro. Na América a tentação para se ter um cartão de crédito é enorme e o apelo ao consumismo está em todos os lugares. Os cartões de crédito são oferecidos por bancos e financeiras e há pessoas que tem quase todos.

Tenho visto muitas pessoas comprando sem se dar conta de que uma hora vai chegar a fatura e ela vai ter que ser paga. Costumo dizer que cartão de crédito não é renda, o que se gasta, uma hora vai ter que ser quitada, e é ai que mora o problema de milhões de pessoas.

O nível de endividamento das pessoas é grande e compromete o salário por muitos meses, e logo a inadimplência passa a ser uma constante na vida destas pessoas. Há canais de compra na televisão que funcionam 24 horas, e nem sempre o indivíduo consegue resistir ao apelo para comprar coisas que vai usar pouco, ou muitas vezes nem usar. Há pessoas que não conseguem passar uma semana sem ir ao *mall* ou shopping mais próximo e sair de lá carregado de sacolas com roupas ou sapatos.

Tem aqueles que compram um carro novo, pagando juros exorbitantes, esquecendo-se que haverá também as parcelas do seguro que encarecem e oneram o salário, já que há o aluguel, as despesas com comida, com saúde, além do dinheiro que é mandado para ajudar a família.

As crises financeiras têm levado a muitos a desenvolverem problemas familiares, e em se tratando de questões fsmiliares, quantas vezes observamos casais que se casam

sem o devido preparo ou afinidade, as vezes motivados por uma paixão momentânea que vai se acabar em poucos meses.

Incompatibilidade de gênios, de comportamento, falta de afinidade, de interesses em comum entre outros, fazem com que a vida do casal se torne em pouco tempo um suplício para ambos. As vezes os problemas estão tão evidentes e patentes, que mesmo aconselhados, as pessoas insistem e pensam que um hipotético amor ou afinidades existentes farão com que superem as primeiras dificuldades. Só que elas tendem a se agravar.

A tendência nesta área familiar e conjugal é de que as pessoas não ouçam a ninguém. Nem pai, nem mãe, nem o pastor, nem os amigos, mas querem fazer as coisas do jeito e da cabeça deles. Quantas pessoas você conhece que agiram assim e se deram mal? Centenas? Eu também conheço algumas que depois arrependidas não se cansavam de dizer que tudo seria diferente se tivessem ouvido os conselhos.

A questão não se resume unicamente nos relacionamentos conjugais, mas de amizade e de companhia. Quantos não foram prejudicados pelas más companhias? Eu mesmo pessoalmente já vi e ouvi de casos de pessoas que eram íntegras e honestas, mas por causa de amizades problemáticas entraram para o mundo do crime e da prostituição, sem jamais conseguirem sair. Mesmo que tivessem sido alertadas e orientadas a não ter amizades com pessoas com tais tipos de comportamento.

Na religião a coisa é as vezes mais complicada ainda. Quantas divisões e rebeliões tem-se observado nos últimos anos? Frequentemente ouço dizer de um pastor aqui ou acolá que se revoltou contra o seu líder e montou a sua própria igreja. Num primeiro momento vê-se que aquela nova igreja

está cheia e as pessoas até parecem gostar dali, mas dai a pouco, começam as reclamações e não é raro de se ver uma outra igreja saindo daquela, com alguém se revoltando e rebelando contra aquele pastor. É o princípio da bênção pela bênção e da maldição pela maldição.

Alguns acham que abrir uma igreja é simples, é festa, é fácil. Não é não. Não seguem a nenhum padrão, nem princípios, não são submissos a ninguém, não tem preparo algum para exercer o ministério, nem se submetem a autoridade espiritual. Ou seja, brincam de ser igrejas o tempo todo, sem se dar conta de que com as coisas de Deus não se brinca.

Pensam que cada um pode fazer a sua própria igreja e ministério. Não observam e nem se dão conta do tempo de Deus, querem o já, quando não estão preparados para o agora, querem o imediato, quando ainda nem sairam do lugar, nem deram os passos necessários na vida cristã, para estarem aptos para enfrentar as vicissitudes ministeriais, ou seja, estão fadados a crise. No começo é tudo bom e parece caminhar as mil maravilhas, mas no meio é que surgirão as crises.

Para manter uma congregação assídua e constante é uma luta, e há um preço – alto – a ser pago. Significa ter consciência de que há de ser abnegado, e muitas renunciar aos projetos pessoais para fazer exatamente aquilo que Deus deseja que seja feito.

Na igreja é o lugar onde mais podemos ver os reflexos da crise. Por que? Porque o crente que ontem era um ativo batalhador da obra do Senhor, hoje está acabrunhando e triste pelos cantos, mostrando na sua vida os verdadeiros reflexos da crise. É normal que as pessoas se abatem e esmoreçam por não acharem um caminho para sair sa crise, principalmente se ela é provocada e buscada.

Aliado a tudo isto há também muitas vezes o arrependimento da pessoa por ter se metido em problemas que ele – ou ela – provocou, como por exemplo, divídas de cartão de crédito ou relacionadas ao dinheiro.

As crises provocam crises de consciência que podem causar males psicossomáticos – aquilo que é proveniente do psíquico e do organismo, que vem a ser a famosa válvula de escape que todos nós temos que ter, para não termos um agravante maior ou mais sério. Os médicos no mundo todo são procurados diariamente por pessoas que estão seriamente afetadas por problemas que nem eles sabem quais são.

No ministério as coisas são muitas vezes piores do que parecem ser de fato. Uns querem ser diáconos ou evangelistas, e logo descobrem que não é fácil ser diácono

ou evangelista. E os que querem ser pastores sem estar de fato preparados para tanto? Querem o ministério a qualquer custo, para principalmente satisfazer os seus egos, e quando se deparam com os problemas não sabem o que fazer direito, se é que querem fazer alguma coisa. Quantas vezes tenho visto obreiros que dariam bons cooperadores, mas não, querem – e muitos com justa razão, porque a palavra de Deus diz que excelente coisa almeja quem deseja o ministério – ser pregadores sem se preparar adequadamente, sem mostrar submissão aos seus líderes e superiores. Desejam o ministério por desejar, e vão pagar um alto preço por isto.

Não sabem o que fazer quando se deparam com um enfermo. Como orar? Como confortar quem perde um ente querido? E quando aparece na sua frente alguém possesso de demônios? Como aconselhar quem está enfrentando um problema sério? Como confrontar quem está errado à luz da palavra de Deus? Não sabem fazer nada disto, mesmo porque queriam a posição. Queriam o bônus sem o ônus.

Por isso é que enfrentam as suas crises pessoais que são provocadas voluntárias ou involuntárias, mas que afetam a saúde física e psíquica principalmente de quem convive com a pessoa em crise, principalmente as que são provocadas. Querem um exemplo? Um rapaz ou uma moça que se casa com alguém inconstante emocionalmente. Vai sofrer quem se casar e de quebra a família. Mais um exemplo? Alguém que deseja desesperadamente um ministério pastoral, ou ter a sua própria igreja, e não está preparado para tal, vai se dar mal quando vierem os problemas. Isto tem sido a regra e não a excessão de muitos vida afora. Nesta altura é comum as

pessoas se perguntarem o que estão fazendo ali envolvidos com – e em – problemas? Sentem-se abandonados por Deus, quando na realidade eles é que estão fora dos propósitos e vontade de Deus.

Ao menor problema abandonam o ministério, que um dia pensaram tinha lhes sido entregue por Deus, ou no casamento, ao se depararem com a primeira contrariedade querem pular fora na hora. Outro dia eu estava lendo que uma mulher pediu o divórcio simplesmente porque o marido roncava e não a deixava dormir. Pense se isto é motivo?

Pois é isto que acontece cada vez mais, provocando crises sem fim. Não há paciência, não há reflexão, não há o menor preparo prévio ou cuidado com nada, e é por isso que existe crise sem fim, mesmo que não queiramos admitir que ela exista.

Tem pessoas que vivem em busca de algo mais, sem estar de fato preparadas para tanto. Querem ostentar e por isso vivem de aparência; daquilo que não são e jamais serão um dia.

Como dizem os antigos – buscam sarna para se coçar e terminam por achar. E estão destinado à crise, mesmo que não queiram, mesmo que digam não, mesmo não admitam…

Temos de entender que tudo o que altera a nossa rotina diária, pode ser sim uma crise, Deus traçou certas coisas para a nossa vida e cada um de nós temos de ter a noção que podemos passar por circunstâncias que jamais esperaríamos. Há crises que são provocadas pelas pessoas.

Quem não se lembra de 11 de setembro de 2001, quando Osama bin Laden, ordenou o maior atentado terrorista da história e provocou a maior crise que a América viveu na sua existência? A crise originada na América alcançou o mundo inteiro, e até hoje os reflexos podem ser sentidos quando por exemplo, viajamos de avião. Tirar os sapatos e os cintos, tirar as digitais quando as pessoas entram nos Estados Unidos, além de uma série de outra restrições e vigilância acirrada nos aeroportos americanos. É uma dificuldade, além das perguntas que são feitas e que exigem prontas respostas.

Uma crise provocada por um único homem. Em 2006, terroristas tentaram atos contra os Estados Unidos e contra a Inglaterra usando explosivos líquidos, o que faz com que não se possa carregar líquidos nas bagagens de mão. Perfume, creme dental e até a água da mamadeira para as crianças são jogadas fora sem a menor cerimônia. Tudo o que é líquido fica na barreira de segurança. Outro dia quando embarcava do Rio para Boston, quando voltava para casa, acabei perdendo um desodorante que havia ganhado do meu cunhado.

Existem crises que são provocadas por nós mesmos. Tem gente que é a própria crise, pois provoca a crise do nada. Vive uma vida boa, normal, sem sobressaltos, sem maiores

dificuldades, é uma pessoa abençoada, tem uma boa esposa ou esposo, filhos obedientes, um bom emprego, é feliz e de repente entra em crise, começa a mexer com o que não deve, e tudo na vida desta pessoa começa a andar para trás. Quantas vezes as pessoas me abordam dizendo que estão em crise na vida pessoal, no casamento, no emprego, na família, nos seus negócios. Quando procuramos saber os motivos da crise, nos deparamos com motivos variados, que podem ser desde um negócio mau sucedido, até um relacionamento extra-conjugal, que coloca tudo a perder de uma hora para outra.

Como já disse anteriormente, um dos maiores motivos de crises pessoais é o financeiro. A pessoa não está satisfeita com o que tem e sempre quer mais. Por isso almeja ter aquilo que não pode ter, e entra numa dívida desnecessária.

Veja, que não há nenhum impedimento de que alguém tenha um carro novo, uma roupa nova, uma casa nova, que coma em bons restaurantes e que tenha um padrão de vida melhor, mas a que preço?

Existem crises que são provocadas pela natureza. Quem como eu que já morou na Califórnia e na Flórida, sabe bem do que estou falando. Tudo vai as mil maravilhas, e de repente a terra treme e coloca tudo o que foi construído numa vida inteira abaixo e a pessoa tem que recomeçar de novo. Em janeiro de 2004, houve um terremoto tão forte que algumas casas foram destruídas. Era comum ouvir lá histórias de quem havia perdido parentes e amigos no terremoto de 1994, além da previsão dos cientistas de que o Estado da Califórnia vai ser dividido ao meio pelo Big One, que se origina na falha de San Andrés, e qualquer terremoto que acontece por lá, a mente imediatamente pensa que é o Big One chegando.

Já quem mora ou morou na Flórida, se vê as voltas com os furacões que costumam devastar tudo por onde passam. Casas, prédios, ou qualquer outra instalação vira pó e destroços se estiver no rumo do tornado. A cada ano os prejuízos são contabilizados na casa dos milhões de dólares, e basta ver a previsão para a temporada de furacões para se tremer na base.

Muitas pessoas que vivem nestes lugares acabam entrando
em crise diante da possibilidade real de virem a perder tudo num instante.

Espírito de medo

Há pessoas que passam quinze dias numa igreja, um mês em outra, e em seguida abandonam tudo dizendo que não querem mais saber de igreja alguma. Tempos depois apertados pelo sentimento de culpa, voltam a frequentar outra igreja e vão assim, num círculo vicioso e interminável pulando de igreja em igreja. Nunca estão satisfeitos com nada. Tem aqueles que vão a igreja motivados pelo medo. É só descobrirem que alguém foi preso, para que no domingo seguinte passem a ir a igreja até que a poeira assente e eles cheguem a conclusão de que não há perigo algum.

Brincam com Deus o tempo todo, e para estes eu tenho que dizer aquele que está de pé que cuide para que não caia. Precisamos abrir os olhos porque os tempos são difíceis, e a igreja é uma coisa séria e deve ser respeitada, quem quiser brincar deve procurar o lugar adequado para isto. A casa de Deus é um lugar de treinamento, é uma escola, onde nos preparamos para enfrentar as adversidades da vida.

De qua adianta pregar bonito, levar o povo ao êxtase espiritual, fazer com que voem, se no dia seguinte, pecam e transgridem como se não tivesse acontecido nada? Para evitar as crises, precisamos estar firmados na rocha que é Jesus Cristo.

Na minha igreja, eu peço que a liderança frequente os cultos de ensinamento da palavra, assim como outros crentes, pois se não fizesse isto, posso imaginar que muitos deles não estariam firmes, aprendendo e se dedicando a causa do Evangelho. Tenho a certeza de que muitos líderes e pastores no mundo inteiro fazem igual, e com isto preservam as suas ovelhas da queda e do pecado.

Voltando a falar da crise dos discipulos, vejo que eles estavam num lugar onde se operavam muitos milagres, quando recebem a ordem de entrar no barco, rumo àquilo que para muitos era desconhecido. Tudo estava tranquilo, é este é o prenúncio da crise. Quando tudo está calmo e nem há o menor sinal de tempestade no ar. O vento não é forte, e tudo vai as mil maravilhas. Só que lá no meio, tudo muda. Aquilo que estava calmo, já não está mais. O tempo que estava limpo, agora está escuro. As águas que espelhavam a lua, agora são revoltosas e parecem querer engolir o barco com eles dentro.

Não há onde se segurar, e eles não entendem nada. Querem gritar, mas não conseguem, e nos seus rostos há o pavor estampado, pois não sabem o que de fato os esperam. O caos se instala definitivamente no caminho deles.

Tudo muda. O estômago parece revirar e eles estão todos enjoados. Os olhos lacrimejam o tempo todo, e o barco estala parecendo querer quebrar. O que fazer? Eles não sabem direito o que fazer, e o medo e a incerteza do que lhes acontecerá os dominam por completo. Tentam olhar para o horizonte, mas o que enxergam é só a escuridão, e não há o menor vislumbre de que a tempestade irá passar. O desânimo definitivamente se abate sobre cada um deles.

O que fazer?

Eles não sabem. Primeiro porque a tempestade é incontrolável, depois não há nenhuma saída ou solução em curto prazo. Gritam uns com os outros e não conseguem se entender. Logo, todos estão tão apavorados que nada parece capaz de acalmá-los. Até que Jesus surge e acalma a tempestade e trás alívio para aqueles homens chocados e impressionados com a tempestade.

Pois é assim mesmo que ficamos quando somos atingidos em cheio por uma crise qualquer. Tenho visto ao longo dos anos de ministério família inteiras se decomporem ante a crise. As vezes é um dos membros da família que morre subitamente, outra vez é alguém que cai acometido de alguma doença, ou o desemprego pega a todos desprevenidos, e as pessoas não sabem o que fazer. E as pessoas que tem medo de tudo? Nas grandes cidades como o Rio de Janeiro ou São Paulo, no Brasil, as pessoas parecem acometidas de pavor quando tem que sair a noite, e é comum nestas cidades ninguém parar nos faróis a noite com medo de assaltos. Quando vou ao Brasil, sempre desembarco no Rio de Janeiro, onde tenho parentes, e o maior medo das pessoas é ser atingido por uma bala perdida. Tem gente que se apavora pensando que vai morrer, no que se chama de sentimentos mórbidos, e há os que tem medo da velhice, e diga-se que nunca se buscou tanto retardar o envelhecimento que é inevitável em todos os aspectos. Há quem tenha medo de acidentes de carro, e por incrível que possa parecer tem quem evite o máximo sair de casa por causa disto. O espírito do medo parece ser um dos piores males deste século.

Pode ser também uma traição, ou uma briga por herança – você já viu alguma?, não há coisa mais medonha e tenebrosa, pois as pessoas que até ontem eram cordatas e pacifícas, de repente se tornam inimigas umas das outras, tudo por causa de dinheiro ou de bens.

O que podemos deduzir é que há crises instaladas em todos os setores da nossa sociedade, e a constatação é que a crise sempre anda de mãos dadas com o espírito do medo, que como disse, é um dos flagelos deste século, ou pelo menos parece ter se acentuado nesta nossa época.

Como cristãos temos sempre um escape que é o nosso

Senhor Jesus Cristo, que está sempre disposto a nos ajudar nos piores momentos, entrando com providência naqueles instantes cruciais da nossa vida, quando parece que todos os recursos se esgotaram e não há nada mais a ser feito. Deus tem sempre a última palavra na nossa vida, e Ele é o dono do nosso destino e deve ser também o das nossas ações.

Experimente o conforto divino para os seus problemas, experimente a graça do Senhor naqueles instantes em que tudo parece perdido. Naqueles instantes de pavor e medo, os discípulos recorreram a quem podiam recorrer. A tempestade acalmou, a crise passou e o medo foi embora.

O que fazer diante da crise?

Você deve estar se perguntando o que fazer quando as coisas parecem não ter mais solução. Não se constranja, pois esta é a pergunta que uma multidão de pessoas fazem todos os dias ao redor do mundo. Pois a maioria não encontra uma resposta, e por mais que esperem, jamais terão uma justificativa para as suas crises.

Quando a crise é financeira, as pessoas se perguntam – e tem algumas que levam a sério – se devem assaltar um banco e resolver os seus problemas. Claro que não! pois isto seria o início de um problema ainda maior em todos os aspectos, inclusive legais. Portanto, isto está totalmente fora de cogitação.

Quais são as medidas que você deve tomar diante uma crise súbita, que altera totalmente o seu rítmo de vida?

A primeira atitude que você deve tomar quando passa por uma crise, é não pensar que está sozinho. Repita por favor – não estou sozinho ou sozinha na minha crise. Aprenda isto e não esqueça jamais. Posso dizer isto por experiência própria, pois há poucos meses perdi um filho no nascimento, e se fosse uma pessoa que não tem a consciência de que não estou sozinho, estaria resmungando, murmurando e quem sabe em outro caminho, que não o de Deus.

Tenho constatado que há pessoas que não sabem conviver com os momentos difíceis e caóticos da vida. Tem gente que

acha que a vida é só flores ou doce como o açucar. Quando enfrento situações como as da circunstância da morte do meu filho, lembro-me do apóstolo Paulo em Filipenses 3.7 – "*Mas o que para mim era ganho reputei-o perda por Cristo*", ou ainda de Jó – "*...o Senhor o deu, e o Senhor o tomou: bendito seja o nome do Senhor*" – Jó 1.21. Sim, é duro, mas como servo do Senhor não tenho outra alternativa a não ser olhar para estes dois heróis da fé.

Para Deus, quem aparentemente perde está ganhando, porque quem tem Deus, mesmo na crise, entende que não está só em tempo algum. É uma promessa bíblica – "*Quando passares pelas águas estarei contigo, e quando pelos rios, eles não te submergirão; quando passares pelo fogo, não te queimarás, nem a chama arderá em ti*" – Isaías 43.2. É confortante poder saber disto.

Aonde quer que você vá, há a promessa de que Deus estará ao nosso lado. Pelo menos é o que eu posso ler na minha Bíblia, e creio nela integralmente. Só que Satanás tenta neutralizar a mente das pessoas para que achem que estão só e abandonadas, mas eu afirmo em nome de Jesus, mesmo que você esteja lá embaixo, na mais profunda crise, enfermo, abatido, ou esmagado pelas piores opressões, Deus, nunca nos abandona, nos deixa ou vira as costas para nós. Ele está sempre presente para nos ajudar.

Não esqueça disto nunca.

Você não está só, quando Jesus manda os discípulos para o mar, devia ser em torno de quatro, cinco ou seis horas da

tarde, a quarta vigília da noite, é entre três e seis da manhã, e você pode perguntar se Jesus esqueceu dos homens no barco. De por exemplo, seis da tarde e seis da manhã, é um tempo muito grande, em que aparentemente Jesus havia esquecido deles.

Só que não foi assim.

Hoje estamos vivendo numa geração onde as pessoas querem tudo muito rapidamente, bem do tipo microwave – ou microondas, fast food, rápido, expresso, ou qualquer outro adjetivo mais adequado ao termo. Ninguém tem paciência para esperar, querem tudo para o instante seguinte.

Não se dão conta de que o tempo e o compasso de Deus é outro. Quando entram numa crise, clamam por rapidez no socorrer de Deus.

Jesus poderia ter se apresentado imediatamente quando a tempestade começou, e não deixar que os discípulos passassem por aquele aperto, aparentemente desnecessário. Mas, Jesus nunca chega atrasado. Jamais! Ele sempre chega na hora certa. Na hora d'Ele, nem um minuto antes, e nem um minuto depois. Sabem por que? Porque Jesus sempre sabe o momento certo de nos ajudar.

Tem gente que Jesus precisa dar um tempinho para provar a fé a a capacidade de suportar; tem que provar, porque há muitos que só estão acostumados a vitórias, e querem sempre mais, hoje em dia, o assunto é prosperidade, é entrar

para a igreja para ficar rico, para ter dinheiro no bolso e no banco, e por conta disto as pessoas, vêem a igreja como fonte – e origem – de lucro fácil e desmedido. Pensam que vão ficar endinheirados e milionários. Ai cabe uma pergunta bem pertinente e oportuna. E aqueles irmãos que quando vou ao Rio de Janeiro vejo nas favelas, nos morros, em igrejas bem pequenas que ganham salário mínimo – quando ganham; e no entanto, a vida deles resplandece a glória do Senhor e a presença do Senhor.

E ai eu afirmo que é muito fácil pregar a prosperidade na América, é muito fácil pregar que cada um vai ser campeão, é muito fácil pregar triunfalismo, para quem ganha em dólar e é bem remunerado. Mas vá morar na África, vá morar nos morros cariocas ou nas favelas de Belo Horizonte ou de São Paulo, para ver se a fé e a convicção resiste. Que tal ir para a Índia? O que deduzo é que estão pregando um evangelho errado e equivocado sem pé e nem cabeça.

Só que mesmo neste quadro de aparente desordem eu

concluo que Deus está comigo, com você e com cada um de nós que temos a esperança firmada n'Ele. Miro a minha fé e esperança nas palavras do apóstolo Paulo – "*Eu, na verdade, ainda que ausente no corpo, mas presente no espírito, já determinei, como se estivesse presente, que o que tal ato praticou*" – 1 Coríntios 5.3, e vejo o quanto Paulo sofreu, e por quantas crises passou, e mesmo tendo enfrentado naufrágios e apedrejamentos estava feliz, e terminou a sua carreira dizendo – "*Combati o bom combate, acabei a carreira, guardei a fé*" – 2 Timóteo 4.7, pois estava ligado com Deus, e tem gente que por qualquer coisa larga a fé e os caminhos do Senhor, larga tudo e diz que foram abandonados por Deus.

Tenho que dizer a cada um dos meus leitores, que o mesmo Jesus que estava com o apóstolo Paulo e o consolava , também está ao seu lado para te consolar e suprir cada uma das suas necessidades, e para ajudá-lo a superar as suas crises. Sinto a presença e o amor de Deus a cada manhã me guardando, me amparando, me guiando, me dando vitórias nas minhas crises e conflitos.

Nós não somos daqueles que diante da crise mergulham nas falsas religiões e no esoterismo que aparentemente tem respostas para todas as coisas, mas que falha ao não ter uma resposta sequer para dar conforto ao homem na crise.

A personificação de como somos socorridos, é clamar ao Senhor, como fizeram os discípulos e de repente no meio da tempestade uma voz ordenou que o mar e a tempestade se acalmasse, e num instante as coisas serenaram. Por isso, quando a crise bater e aparentemente não houver nenhuma saída, experimente clamar ao Senhor Jesus Cristo.

"*Porque a sua ira dura só um momento; no seu favor está a vida. O choro pode durar uma noite, mas a alegria vem pela manhã*" – Salmo 30.5

Quantas vezes você leitor já ouviu e leu a passagem acima? Quantas vezes você chorou e foi consolado? Quantas vezes, você passou por crises profundas e teve o consolo do Senhor? Quantas vezes você agradeceu pelo conforto celestial? Quantas perguntas não?

"*E eis que estou contigo, e te guardarei por onde quer que fores, e te farei tornar a esta terra; porque não te deixarei, até que haja cumprido o que te tenho falado*" – Gênesis 28.15, veja que palavra profética animadora e extremamente confortadora. Isto significa querido leitor, que por mais grave e severa que seja a sua crise ou pedaço que você esteja atravessando, há sim, um livramento de Deus a sua espera logo ali adiante. É só uma questão de orar e pedir ao Senhor que ele aja na hora oportuna d'Ele.

É tão bom saber que Deus não vai nos deixar desamparados, pois Ele mesmo disse para não temer e tenho a certeza de que isto vai ser cumprido na minha e na sua vida. Você tem promessa de Deus?

Eu tenho, e ao longo dos anos tenho visto cada uma delas se cumprindo para honra e glória do Senhor.

As crises servem para nos fazer duvidar daquilo que Deus

prometeu para cada um de nós. Veja o caso de Sara. Ela tinha uma crise de credibilidade e quando recebeu a palavra de que seria mãe, qual foi a sua reação? De dúvida, pois já era uma mulher idosa, e segundo ela, não podia mais ser mãe. Só que o que é impossível para nós, não é para Deus, cujo poder é tão ilimitado que sequer podemos imaginar. Nossa mente não é capaz de mensurar o que de fato é o poder de Deus. Como disse o apóstolo Paulo, são coisas inefáveis – 2 Coríntios 12.4.

As vezes temos as promessas que Deus nos fez por tardias, quero ressaltar outra vez o caso de Sara, e que pensamos que jamais se cumprirão, mas mesmo que se demore, se foi Deus realmente quem as fez, certamente se cumprirão integralmente.

Pode parecer demorado, mas na hora certa Deus vai entrar com providência. Os discípulos sacolejavam no barco o tempo todo, e no seu pavor da tempestade, esperavam que alguma coisa acontecesse, e ela aconteceu – Mateus 14.25 – "*Mas, à quarta vigília da noite, dirigiu-se Jesus para eles, andando por cima do mar*". Foi na quarta vigília. Não na primeira, nem na segunda e muito menos na terceira. Tampouco foi na quinta ou na sexta, mas no tempo próprio de Deus.

Foi onde a escuridão imperava e era mais intensa, foi que Jesus agiu, para nos dar e deixar uma importante lição, de que na hora mais aguda e crucial, Ele sempre age em nosso favor.

Outro dia eu caminhava com um pastor amigo por volta de uma hora da madrugada, e a escuridão era total, não se enxergava nada, e posso imaginar que os discípulos pensavam que estavam passando a pior fase da vida deles, e já não havia esperança para eles – pelo menos era o que supostamente eles pensavam, no entanto, Jesus estava a postos na mais profunda escuridão.

Nas crises é asssim que nos sentimos. Pensamos que estamos desamparados e abandonados a nossa própria sorte, só que não é verdade. Não iremos jamais além das nossas forças e do nosso limite, não iremos desfalecer, e enquanto

estivermos aguentando certamente estamos sendo provados, mas no momento em que quisermos entregar os pontos, Ele surge para nos dar o livramento necessário.

Certamente estou falando através destas letras e destas páginas com pessoas que estão enfrentando crises em diversas áreas – financeira, espiritual, familiar, emocional que é terrível, pois a pessoa sente alegria num instante e tristeza no momento seguinte, que é caracterizada pela instabilidade, tem gente que num culto precisa ser segurado para que extravase totaltamente, e no outro está tão apagado, que precisa ser balançado. As emoções mudam, são volúveis.

Lá fora no mundo a vida continua com todas as suas mazelas e perigos a espreita de que possa tragar o primeiro que aparecer. Ao se converter o cidadão é nova criatura em Cristo Jesus – 2 Coríntios 5.17, mas tem gente que não consegue mensurar isto, e mesmo sendo nova criatura, está

suscetível a crise. Deixa-se abater por um sentimento de tristeza, de torpor, de culpa que terminam por jogá-lo numa crise profunda, mas o sangue de Jesus Cristo é capaz de purificar e livrar o homem destes sentimentos todos.

A crise emocional é uma das mais severas, e busca derrubar o ser humano, mas há um antídoto para ela. Saiba que Jesus Cristo é com você e vai te dar a vitória sobre qualquer que seja a sua crise.

Saiba que aquilo que para você parece ser uma crise, para Jesus é mais um tapete para que Ele ande por cima, o que estava assustando os discípulos era a tempestade, e por onde Jesus apareceu? Sobre as mesmas ondas que os apavoravam.

Se há algo que está trazendo temor e desesperança, é exatamente ai que o Senhor vai aparecer para dar o livramento. Ele caminha por cima de tudo isto, e vê todas as

coisas, e talvez você possa dizer que vive realmente tudo isto que foi narrado neste livro, e se pergunta se alguém me contou o que se passa na sua vida. Não, ninguém me contou nada, mas sim, é o Espírito Santo que revela e fala. Quando Deus fala é porque há pessoas que precisam ler sobre o assunto, para que sejam ajudadas a identificar os seus problemas.

Deus vai ajudá-lo a vencer todas as suas dificuldades, pois Ele manda Jesus vir trabalhar em nosso favor. E se precisar Ele move o mundo, abre e fecha portas para agir em prol do seu povo, que foi escolhido e separado.

Se você tem Cristo como seu salvador pessoal, não há crise que possa resistir e te perturbar.

Ninguém está imune a qualquer tipo de crise, mas devemos saber e ter em mente que temos quem nos protege e nos guarda de todo o mal, inclusive dos espantos noturnos, diurnos e de todos os perigos – "*Não terás medo do terror de noite nem da seta que voa de dia*" – Salmo 91.5. Temos que ter bom ânimo em todo o tempo, pois só assim poderemos nos livrar de todas as crises, que buscam nos abater. Tenha coragem de seguir adiante mesmo sob intensa crise, pois Deus vai te abençoar em todo o tempo. Tenha ousadia para vencer o medo, enfrente-o, resista-o, supere-o, pois a qualquer momento o Senhor pode aparecer diante de você com a sua vitória e o seu triunfo.

Deus se agrada de uma alma jubilante que o agradece e louva o tempo todo. Bendiga o Senhor, dedique a Ele todos os seus projetos e dificilmente uma crise baterá a sua porta. Saia do marasmo e daquilo que pode atrapalhar a sua vida. Seja um vencedor, e Deus vai te prosperar.

Que Deus abençoe a sua vida em todo o tempo e se você foi edificado com a mensagem deste livro mande um e-mail para: *prpaulo@aigrejaquecresce.com*.

Conheça mais o autor

Bispo Paulo Tenório é o Fundador e Presidente de A IGREJA QUE CRESCE, situada em Martha's Vineyard e na cidade de Everett, MA, USA. Casado com a Bispa Sandra Tenório e desta união nasceram três lindos filhos: Rebecca, Nathan e Sarah Tenório. Para mais informações sobre o Bispo Paulo Tenório visite o site www.bispopaulotenorio.com e conheça mais sobre o bispo e seu ministério.

Para contatos:

Bispo Paulo Tenório
Po Box 2166
Vineyard Haven, MA 02568 – USA
(774) 930-8629
bispopaulotenorio@hotmail.com

www.ingramcontent.com/pod-product-compliance
Ingram Content Group UK Ltd.
Pitfield, Milton Keynes, MK11 3LW, UK
UKHW041837200726
13854UKWH00003BA/1190

9 781329 974029